31 PEINTURES

PAR

J.-Ch. CAZIN

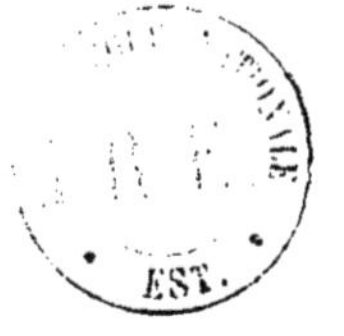

CONDITIONS DE LA VENTE

Elle sera faite au comptant.

L'adjudicataire paiera *dix pour cent* en sus des enchères.

Paris. — Imp. Georges Petit, 12, rue Godot-de-Mauroi. — 18612-08

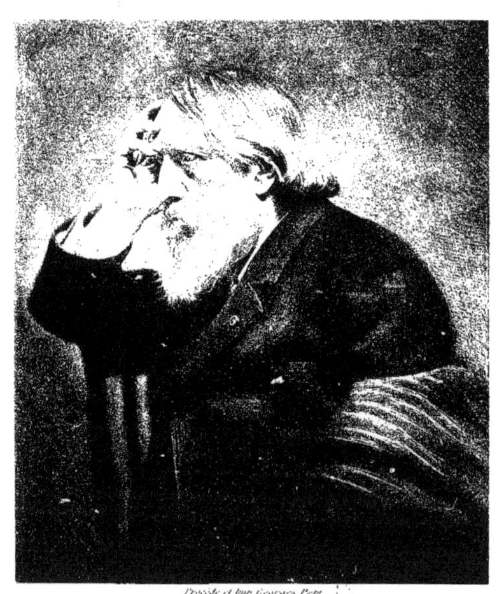

Procédé et Imp. Georges Petit

J. Ch. Cazin

CATALOGUE

DE

31 PEINTURES

PAR

J.-Ch. CAZIN

Dont la Vente, aux enchères publiques, aura lieu à Paris

GALERIE GEORGES PETIT

8, rue de Sèze, 8

Le Samedi 2 Mai 1908, à 4 heures

COMMISSAIRE-PRISEUR	EXPERT
Me F. LAIR-DUBREUIL	**M. GEORGES PETIT**
6, rue Favart, 6	8, rue de Sèze, 8

EXPOSITIONS

Particulière : *Le Vendredi 1er Mai 1908, de 2 heures à 6 heures.*

Publique : *Le Samedi 2 Mai* (**jour de la vente**), *de 10 heures à 4 heures.*

Cazin devant la nature

C'est un grand bienfait pour le public, ou, pour employer des termes plus hauts et plus réellement dignes du sujet, c'est un grand bonheur pour l'humanité lorsqu'on lui révèle et qu'on lui livre des œuvres inédites d'un grand poète, ou des morceaux jusqu'ici inconnus d'un grand artiste.

Tel est le phénomène magnifique, et trop rare, hélas ! que nous voyons d'une façon si inattendue se produire avec cette exposition et cette vente d'œuvres insoupçonnées du grand artiste et du grand poète à la fois que fut Jean-Charles Cazin.

La même joie qui accueillerait la découverte et la publication d'un chant vierge de Virgile, l'audition d'une sonate de Mozart ou de Beethoven qui n'aurait pas encore vibré aux oreilles et aux cœurs humains, joie légère et profonde, pareille à celle d'un beau spectacle qui soudain brille pendant une période d'obscurité, comme si une invisible main écartait un rideau, cette joie va être provoquée par toute une série de travaux qui sont en même temps des pages d'art complètes et délicieuses et des documents révélateurs sur l'intimité d'un grand esprit, aux heures mêmes où il était en plein et fécond travail.

Comment de tels trésors avaient-ils pu échapper jusqu'ici à la curiosité passionnée qui s'est attachée, dans le monde des artistes et des collectionneurs, aux moindres dessins du poète et du penseur ? L'histoire est trop belle pour que nous la taisions, et elle est d'un enseignement trop élevé pour que nous n'en fassions pas profiter tous ceux pour qui la création des œuvres de l'esprit est un des plus nobles soucis et une des plus fortes raisons de vivre.

Il faut, pour en bien comprendre la portée, évoquer non seulement la mémoire et l'œuvre de J.-C. Cazin, mais encore le faire revivre un instant et vivre à ses côtés. Il faut parcourir avec lui les champs et les dunes, longer les plages et les bords de rivières ; interroger le ciel et tous ses prestiges lumineux ; arpenter, d'un pas ardent et calme, les routes paisibles bordées d'arbres ou d'humbles maisons ; demander aux faubourgs des petites villes endormies les touchants mystères de la vie végétative ; retrouver, sous l'apparence actuelle des hommes, des demeures et des horizons ruraux, l'antique réalité des sentiments, des passions et des rêves ; constater chaque année, avec la même émotion et la même surprise, l'enivrante action, sur les êtres, de la terre nourricière et de l'atmosphère qui vivifie.

Ces problèmes, ces spectacles, ces sensations, Cazin y fut plus sensible que la plupart des hommes de sa génération et de maintes autres générations. Il fut un grand contemplateur, et, comme tous les vrais contemplateurs, un grand calculateur. Ces deux termes qui, pour les intelligences superficielles ou paresseuses, semblent s'exclure, se complètent au contraire merveilleusement, et ils donnent, en même temps que la clef de toute l'œuvre, l'explication des œuvres spéciales et précieuses qui sont révélées aujourd'hui.

Je revois J.-C. Cazin tel que l'a représenté en sculpture Mme Marie Cazin : vêtu d'un costume commode et dégagé, coiffé d'un feutre à larges bords, qui s'ornait, en signe de l'heureuse promenade, de quelque touffe d'une fine plante champêtre. Je le revois, le carnet à la main, observant toute l'étendue déployée devant lui, de son grand œil bleu si doux, si admirablement observateur, dont l'expression habituellement pensive se nuançait tour à tour de mélancolie intense, de caresse lente, ou même, à certains moments fugitifs, de malice vive et subtile. Dans ces multiples et fécondes excursions, il notait, amassait sans cesse des remarques nouvelles, des motifs et des éléments de motifs. Rien ne lui échappait et il ne laissait rien perdre. Tel il se trouvait, au milieu des hommes, comprenant tout, devinant chacun, tel il se retrouvait (avec plus de plaisir) au milieu de la nature, s'exerçant à comprendre les aspirations des choses, à deviner la signification et la cause des aspects.

Ah ! le grand artiste et le grand charmeur !... Charmeur ? Pourquoi le fut-il à ce point ? Parce qu'il fut lui-même infiniment charmé. Il produisit beaucoup de belles choses parce qu'il eut et développa en lui la faculté d'en absorber beaucoup.

Voilà donc un des éléments, déterminé le moins imparfaitement que nous pouvons : la contemplation, qui s'appuie à chaque pas sur une notation précise.

Il s'agit maintenant, dans le silence de l'atelier, durant les anxieuses heures de la production proprement dite, de retrouver toutes les magnifiques émotions des minutes contemplatives. C'est ici que le calcul intervient, commande en maître et devient l'auxiliaire précis, indispensable et sublime, de l'enthousiasme lui-même, qui passe pourtant communément pour être seul favorisé du sublime, c'est-à-dire de ce qui met en communication mille et mille esprits avec un seul par ce qu'il y a en eux de plus pur et de plus vibrant.

Les hommes retomberont souvent dans cette erreur de croire que le désordre est le meilleur signe de l'exaltation poétique, et que l'à-peu-près est un gage de la beauté artistique. Heureusement, de temps à autre, des hommes comme Cazin apparaissent et leur œuvre demeure un permanent rappel à la vérité et à la beauté vraies.

Elles disent, en termes qui touchent le cœur, que le vague et le désordonné ne peuvent point être des moyens de construction, ni créer des voies de communication entre les intelligences et les sensibilités. Or, pour qu'une œuvre rallie le plus grand nombre de ces cœurs et de ces cerveaux, il faut qu'elle repose sur des calculs exacts, sur des combinaisons bien ordonnées et faites d'éléments vrais. Toute chose non déterminée, toute introduction d'un élément hétéroclite, est une chance de moins pour l'œuvre de porter sur un plus grand nombre d'hommes d'élite, — et dans la foule tout homme est susceptible à un moment donné de faire partie de cette élite, puisqu'au moment où il contemple une œuvre d'art, ce sont ses meilleures parties qui sont en jeu.

C'est donc sur de profonds et précis calculs que Cazin édifiait toutes ses œuvres. Et les trois phases de son travail demeureront exemplaires, et leurs témoignages seront toujours des objets d'une grande valeur. Je n'ai pas besoin de rappeler les prix considérables, et mérités entre tous, de ses tableaux achevés, et je n'ai point la place de dire ici une fois de plus leur beauté de matière et de pensée. Il est inutile également de parler de ses précieux dessins, qui ont la valeur, l'importance et la séduction des peintures proprement dites. Mais ces « toiles peintes au bistre », qui sont intermédiaires entre les dessins et les peintures, et qui participent des uns et des autres, nettes comme les dessins, riches et brillantes comme les peintures, doivent être un peu plus expliquées, à cause de leur nouveauté pour le public et de leur considérable valeur intrinsèque.

Elles nous montrent Cazin assis à l'atelier devant son tableau, comme nous avons essayé de le faire voir marchant dans la campagne. Cette toile blanche, qui invite au travail, comme une belle nappe blanche invite à un bon repas, est l'écran où va se projeter de nouveau tout ce que le grand amoureux de la nature et de la lumière a absorbé durant ses enthousiastes explorations. D'abord apparaissent les grands linéaments qui distinguent le solide du fluide ou du liquide, horizons, mouvements du terrain, surgissement des arbres, des maisons isolées ou groupées, qui déjà donnent à la scène tout son langage. Puis, peu à peu, des détails interviennent à propos sur cette solide, expressive et aérienne charpente. Ce sont les indications de ce que produit le sol, de ce que les nuages ou le soleil suggèrent. Voici que nous savons déjà où nous sommes, en quels champs, devant quel océan, sous quelle émotion de pensée ou sous quelle sensation de nature. Mais plus avant encore, à mesure que le travail se calcule et se précise, nous pénétrons dans le drame ou dans le poème : par suite de la multiplication de ces traits, de ces touches, qui forment comme la trame de plus en plus serrée d'une broderie savante, maintenant on démêle le clair de l'obscur, le consistant de l'impalpable. L'air est tout en vibration, les feuilles s'agitent à son unisson, ou s'endorment avec lui ; le soleil s'irradie, les eaux luisent et reflètent ; la campagne, les maisons, les villes de Hollande ou de France, les dunes immenses et propices aux rêveries, les recoins heureux ou âpres, tout cela est complet, vivant, actif et agissant. Cette toile blanche où, avec entrain dans l'ensemble et patience dans les détails, a été construit, agencé et précisé ce magnifique dessin au bistre, est une œuvre d'art à laquelle rien ne manque.

qui pourra à la vérité passer par une autre étape colorée, mais qui a toute l'éloquence, toute la beauté d'une peinture, parce qu'elle en exprime à la fois complètement le point de départ et en fait pressentir complètement le point d'arrivée.

Vous voyez combien j'avais raison au début de dire combien cette histoire est belle et combien l'enseignement qu'elle apporte est précieux, combien ces nobles œuvres inconnues vont réjouir tous ceux qui ont le culte du beau et enrichir musées ou collections particulières d'un trésor inédit.

Pour se rendre compte, par une comparaison, de la valeur considérable de cette série, il suffit de se rappeler les luttes que se sont livrées et que se livrent encore les amateurs autour de quelques préparations analogues qui nous sont demeurées de Théodore Rousseau ou de Millet. Mais chez eux c'était un peu à l'état d'exception qu'elles demeurèrent dans leur atelier, tandis que chez Cazin, c'étaient à la fois des réserves et des étapes accomplies. C'étaient les résultats de longues joies de travail et des promesses de nouvelles joies encore, mais par un phénomène rare et beau, résultats et promesses se trouvaient réunis en un même labeur, et se rejoignaient pour faire une chose complète et excellente.

On s'est décidé à montrer et à livrer au public cet ensemble de spectacles et de témoignages. On a jugé l'heure venue de faire comprendre le pourquoi de la beauté des œuvres de Cazin par des choses qui le montrent tout entier et qui livrent ses secrets,

3

nous font assister à ses émotions et à ses volontés. Nul doute que l'effet soit grand que produiront ces pages retrouvées du poème.

Elles feront partager avec Cazin cette impression toute particulière, heureuse entre toutes, de l'homme qui, pour la joie de son esprit et de son corps, tente l'ascension d'une belle montagne : il aspire l'air à pleins poumons, il se grise de lumière, et il aperçoit en même temps la plaine et le sommet, ce qu'il a parcouru et ce qu'il va parcourir encore. En un moment unique et précieux, qui est celui de ces esquisses bistrées, l'espoir et le souvenir se mêlent et s'harmonisent, comme ils ne le pouvaient faire encore il y a un instant, et comme ils ne le pourront plus tout à l'heure.

Arsène ALEXANDRE.

DÉSIGNATION [1]

1 — *Vieux quai de Bercy, vers le soir.*

Faisant partie d'une suite de vues de Paris.
Signé à gauche, en bas.

Toile. Haut., 87 cent.; larg., 87 cent.

2 — *Matin de printemps à Arcueil (arbres en fleurs).*

Signé à gauche, en bas.

Toile. Haut., 87 cent.; larg., 87 cent.

3 — *Route de Samer; temps d'automne.*

Berger gardant des moutons.
Signé à gauche, en bas.

Toile. Haut., 46 cent.; larg., 51 cent.

(1) Nous avons scrupuleusement conservé les titres donnés par J.-C. Cazin aux 31 toiles composant cette vente.

4 — *Sortie de cabaret, pleine lune.*

Sur la route — bordée à droite par un talus planté d'arbustes, à gauche par une haie verdoyante, derrière laquelle se profilent le pignon blanc et le toit d'une maison — deux personnages s'avancent : un paysan tête nue, à la barbe et aux cheveux longs, et une femme portant dans ses bras un petit enfant. Ils sortent du cabaret, où l'homme s'est attardé et qu'on voit, à quelque distance sur la gauche : le toit fume dans la nuit et les fenêtres éclairées versent au seuil une lumière blonde ; devant la porte, une charrette rustique, dont la lanterne brille, est arrêtée. Au fond, la route tourne sur la droite, devant une autre maisonnette basse dont l'éclairage intérieur se reflète également sur le sol. Entre l'auberge et cette maison, un groupe d'arbres.

Le ciel, couvert de vapeurs grises, s'éclaircit en haut, et la pleine lune, à peine voilée, verse à la terre, aux arbres, aux maisons, aux personnages, sa lumière mystérieuse et poétique.

Signé à gauche, en bas, et daté : *1886*.

Toile. Haut., 65 cent. ; larg., 90 cent.

Cazin (J. Ch.)

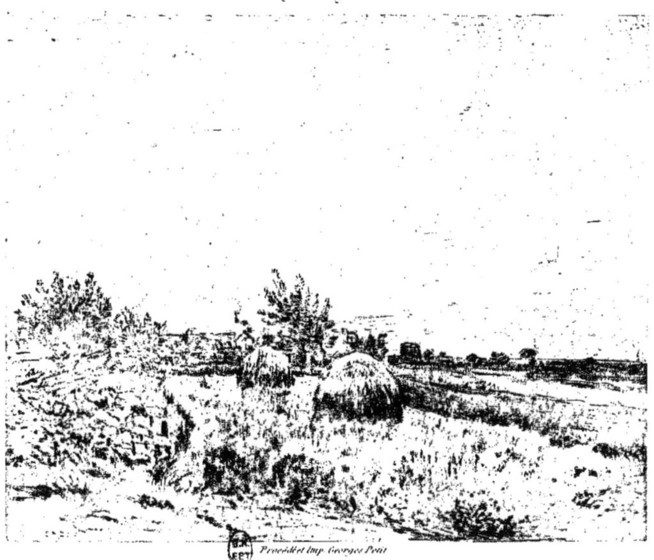

Procédé et Imp. Georges Petit

Plaine de Recloses

5 — *Moulin en Hollande.*

Signé à gauche, en bas.

Toile. Haut., 46 cent.; larg., 55 cent.

6 — *Canal en pays flamand.*

Signé à droite, en bas.

Toile. Haut., 46 cent.; larg., 55 cent.

7 — *Fontenay.*

Après une journée de Paris, J.-C. Cazin passait les soirées aux environs. Fontenay était souvent de son choix. Cette maison, dans le silence de la nuit, éclairée de la lune qui se lève, l'avait vivement impressionné.

Signé à droite, en bas.

Toile. Haut., 46 cent.; larg., 55 cent.

8 — *Le Pont d'Austerlitz.*

Signé à gauche, en bas.

Toile. Haut., 46 cent.; larg., 55 cent.

9 — *Les Meulettes.*

Sur un chaume étroit, les gerbes de blé, dressées et réunies, quatre par quatre, forment un petit groupe de meulettes.

C'est une après-midi d'arrière-saison. Des souffles passent, faisant courir dans le ciel les nuages transparents et s'incliner avec un frémissement les petits saules qui bordent le champ et les arbustes qui, plus loin, occupent la perspective.

Signé à gauche, en bas, et daté : *1896.*

Toile. Haut., 72 cent.; larg., 91 cent.

Cazin (J. Ch.)

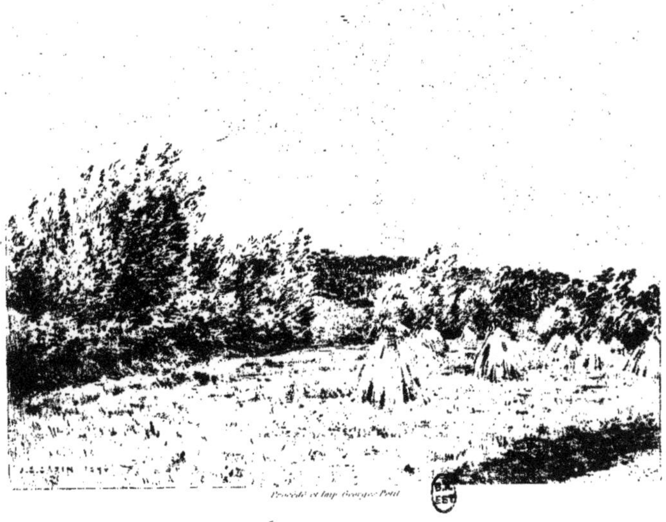

Procédé et Imp. Georges Petit

Les Meulettes

10 — *Écault, la nuit (retour au village par un soir de lune).*

Signé à gauche, en bas.

Toile. Haut., 59 cent. ; larg., 72 cent.

11 — *Le Vieux treuil, près Clamart (lever de pleine lune).*

Signé à gauche, en bas.

Toile. Haut., 60 cent.; larg., 72 cent.

12 — *Arc-en-ciel de lune (Marlotte).*

Signé à gauche, en bas.

Toile. Haut., 51 cent. ; larg., 63 cent.

13 — *Portrait d'homme (Jules Devilliez, maçon de J.-C. Cazin).*

Initiales à gauche, vers le bas.

Toile. Haut., 61 cent.; larg., 49 cent.

14 — *Plaine de Recloses, lever de lune.*

A gauche, dans le prolongement d'un vieux mur écroulé, un bouquet d'arbres ombrage quelques toits rustiques d'où s'élève une lente fumée. Au centre du tableau, sur le pré récemment fauché, on a dressé deux meules rondes de foin. A droite, les champs rejoignent un rideau de petits arbres.

Et, dans un ciel brouillé où brille, vers le haut, une seule étoile, la lune monte, répandant sur les choses sa transparente lumière laiteuse.

Signé à gauche, en bas.

Toile. Haut., 81 cent.; larg., 1 mètre.

Cazin (J. Ch.)

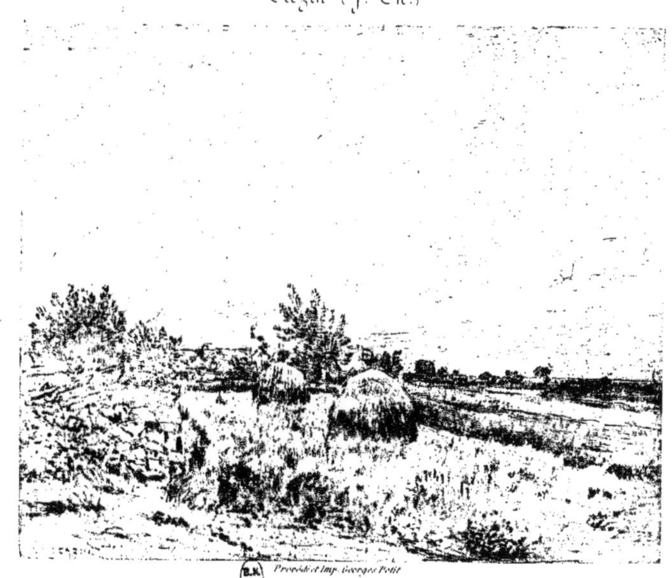

Procédé et Imp. Georges Petit

Plaine de Recloses

15 — *Moulin en Flandre; ciel d'orage.*

Signé à droite, en bas

Toile. Haut., 61 cent.; larg., 48 cent.

16 — *Moulin, près Saint-Omer.*

Signé à gauche, en bas.

Toile. Haut., 51 cent.; larg., 63 cent.

17 — *Vieux Port de Zaandam.*

Le nuit venant, les lumières s'allument, les hommes rentrent leurs bateaux.

Signé à gauche, en bas.

Toile. Haut., 53 cent.; larg., 64 cent.

18 — *En Flandre.*

Signé à gauche, en bas.

Toile. Haut., 37 cent.. larg., 45 cent.

19 — *Route de Versailles.*

A droite, au premier plan, une très faible portion de la grande route est visible, sur le bord de laquelle s'élève, svelte et fort, le tronc d'un platane d'où tombent, en harmonieuse arabesque, quelques feuillages. Au pied de l'arbre, sur l'herbe, un tas de pierres.

Au-delà du fossé, sur la gauche, la plaine, bornée à l'horizon par quelques arbustes, et, au milieu, une petite maison isolée, au toit de tuiles, au pignon blanc.

Un ciel pur d'été verse sur les champs une lumière égale.

Signé à gauche, en bas.

Toile. Haut., 65 cent,; larg., 82 cent.

Cazin (J. Ch.)

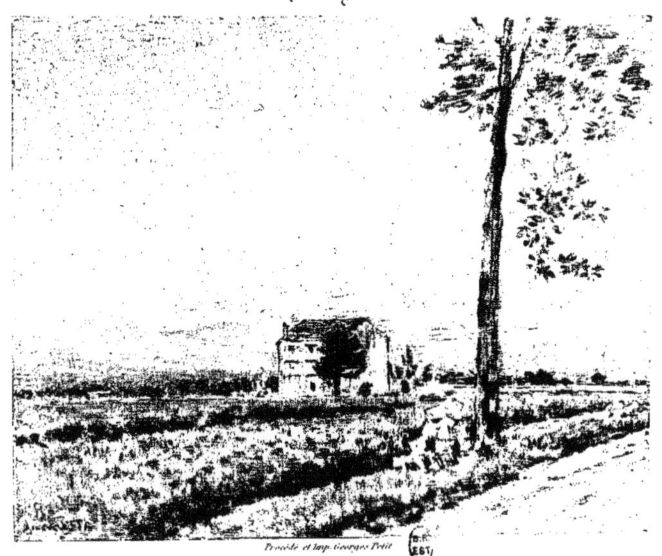

Route de Versailles

20 — *Canal en Hollande, lever de lune.*

Signé à gauche, en bas.

Toile. Haut., 65 cent.; larg., 80 cent.

21 — *Falaises d'Équihen.*

Signé à gauche, en bas et daté : *1879*.

Toile. Haut., 80 cent.; larg., 1 mètre.

22 — *Ferme sur les hauts plateaux du Boulonnais.*

Signé à gauche, en bas et daté : *1895*.

Toile. Haut., 72 cent.; larg., 91 cent.

23 — *Samer, la nuit.*

Signé à gauche, en bas

Toile. Haut., 46 cent.; larg., 55 cent.

24 — *Dordrecht.*

A droite, bordées de pieux où s'amarrent les barques, quelques maisons dont le pied trempe dans l'eau. Leurs façades, percées de fenêtres, sont vivement éclairées. Et, au bout de la rangée, de derrière un toit, jaillit un petit arbre qui s'incline violemment dans le sens où l'on voit que le vent balaye au ciel la brume et les nuages et fait tourner les ailes d'un moulin, sur la rive, au fond, où s'échelonnent des maisons et des fabriques

Des clartés carressent l'eau sur laquelle file un petit voilier de pêcheurs qui va disparaître, vers la gauche, derrière une estacade.

Signé à gauche, en bas, et daté : *1894*.

Toile. Haut., 65 cent.; larg., 80 cent.

Cazin (J. Ch.)

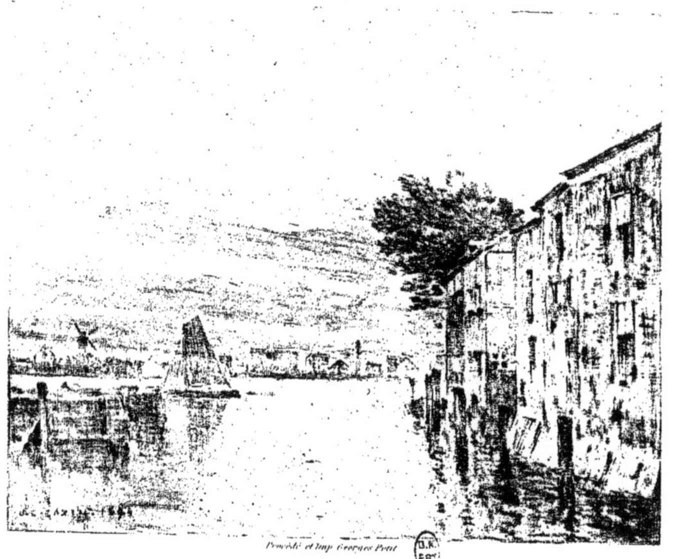

Procédé et Imp Georges Petit

Dordrecht

25 — *Port de New-York, le soir.*

Souvenir du voyage de J.-C. Cazin, son arrivée à New-York; des lumières s'allument, quelques étoiles scintillent.

Signé à droite, en bas et daté : *1893*.

Toile. Haut., 45 cent.; larg., 55 cent.

26 — *Maisons, le soir, près Fontenay. Soir d'été, pleine lune.*

Toile. Haut., 61 cent. ; larg., 49 cent.

27 — *Vieux Moulin sur un mont, près Samer, où J.-C. Cazin aimait à se rendre, au soleil couchant.*

Signé à droite, en bas, et daté : *1898*.

Toile. Haut., 50 cent.; larg., 60 cent.

28 — *Vieilles maisons à Recloses.*

Signé à droite, en bas.

Toile. Haut., 38 cent. ; larg., 46 cent.

29 — *Place de Calais, le marché.*

Sur la place, au milieu vers la droite, une voiture attelée de deux chevaux, stationne. Les petites baraques des marchands, avec leurs toits de toile, sont dressées. Elles s'adossent, au fond et à droite, contre la ligne des maisons qui bordent la place.

J.-C. Cazin se plaisait à voir l'activité de la vie, il aimait se trouver au milieu de la foule des petits marchands dressant leurs boutiques volantes. Il avait choisi cet aspect pour dessiner le vieux beffroi flamand, et la haute tour du veilleur, aujourd'hui le phare.

Signé à droite, en bas.

Toile. Haut., 65 cent.; larg., 81 cent.

Cazin (J. Ch.)

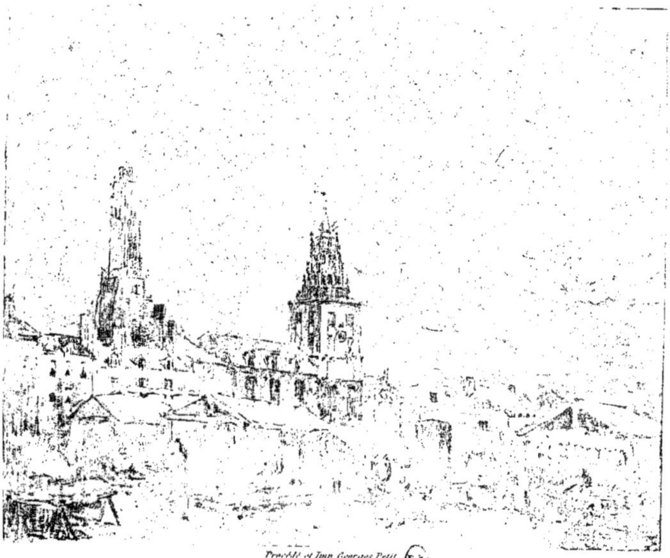

Procédé et Imp Georges Petit

Place de Calais, le Marché

30 — *Chaumières (Pas-de-Calais).*

Signé à gauche, en bas.

Toile. Haut., 38 cent.; larg., 46 cent.

31 — *Cultures.*

Signé à gauche, en bas.

Toile. Haut., 38 cent.; larg., 46 cent.

www.ingramcontent.com/pod-product-compliance
Ingram Content Group UK Ltd.
Pitfield, Milton Keynes, MK11 3LW, UK
UKHW022151170726
13837UKWH00004B/1913